Verlorene Könige

Julius Kirchner

VERLORENE KÖNIGE
Ein dramatisches Gedicht

Inhalt

Vorwort

Verlorene Könige ist ein dramatisches Gedicht,
dem ein experimentells Arbeits- und Schreib-
konzept zugrunde liegt. Zu Beginn wurden aus vier
verschiedenen Büchern Worte, Sätze und Phrasen
ausgeschnitten, gesammelt und geordnet.
Diese Bücher sind: *Tagebuch eines Diebes* von Jean
Genet, *Tagebuch eines Wahnsinnigen* von Nikolai
Gogol, *Tagebuch eines sentimentalen Killers* von Luis
Sepúlveda sowie *Tagebücher 1914 – 1964* von Maria
Dabrowska. So haben sich in der Folge mehr als
4000 Schnipsel angesammelt, die zu neuen
Dialogen und Sätzen zusammengefügt wurden.
Diese Fragente sind zum Schluss durch eigene
Notizen und Anpassungen ergänzt worden – auf
diese Weise ergeben sich die Szenen des Stücks.

Das Schriftbild resultiert aus dem „Schnipselsatz"
und unterstützt den gewünschten sprachlichen Rhythmus des gesprochenen Textes. Er ist in einer Mischung
aus klassischer Theatertypografie und Gedichtsatz
gehalten. Die Absätze gliedern den Text in Sinn- und
Sprechabschnitte, unterstützen den Redefluss oder
bringen ihn ins Stocken. Sie generieren Bedeutung,
setzen den Fokus auf bestimmte Worte und Abschnitte
des Textes. So erfordert es vom Leser einiges an
Konzentration, um der Bedeutung des Textes zu
folgen. Jede neue Zeile beginnt mit einem Großbuch-
staben, unabhängig davon, ob ein neuer Satz beginnt
oder nicht. Es ergibt sich dadurch ein ruhiges,
ausgeglichenes Schriftbild, das den Leser gleichzeitig
aus seinem gewohnten Leserhythmus bringt.

Ich warf mich aufs Bett

Das Bett war sehr eng.

zu ihm zog es mich ungestüm hin,

So etwas habe ich zum ersten Mal

Wenn er meine Haut streift,

Ich nahm ihn in die Arme,

Das fängt an, mich zu erregen

Leise erklärte ich ihm meine Absicht.

„Ich darf also auf Dich,

aber gegen meinen Willen

Plötzlich blickt er mich an und lächelt

seine beispiellose Macht über mich.

von einem zerstörerischen Engel.

wir begannen beide heftig zu

Er war feurig und maßlos

stärker oder bösartiger

Ich war von ihm besessen.

völlig außer Kontrolle.

traf ihn in die Hoden,

weil er es so wollte.

Es tat mir weh,

„Ich sagte, es ist genug,

auf Distanz

„Laß' mich.

„Aber warum denn?

„Laß mich.

»Ich verstehe dich nicht.

daß es dreimal wiederholt werden muß.

»Tut mir leid

Er sagte nichts darauf,

Er reizt mich.

Meine Antwort.

mein Speichel

mit heißem Mund

Für Lars

Figuren

Ludi
Otto
Josef
Alex
Henri

Erster Akt — Erste Szene

JOSEF

Weg auf die Bühne.
Irgendwie langweilen mich die Leute.
Sie sagen,
Die Sprache meines Dramas sei wundervoll.
War schon jemand von der Presse hier?
Leute werden aus dem Theater fliehen,
Ich kämpfe nicht mit Drachen,
In irgendwelchen theatralischen Gesten.
Die Konzeption meines Dramas
Gefällt mir überhaupt nicht...
Mangel an Phantasie,
Eine kümmerliche Welt
Hinter dem Vorhang.
Meine Brust
Auf meinem Rücken.
Ich habe vergessen,
Dass ich großartig sein wollte!
Ich will eine verbotene Welt schaffen.
Das wird ein Meisterstück der Bosheit.
Ungewöhnliche Dinge geschehen.
Zeit für intensivere
Erzählungen, die es noch nicht gibt,
Die keinen Namen haben,
Bei denen man immer etwas spürt,
Denen man erlegen ist,
Sich merken muss.
Sind noch Tragödien möglich?
Ich weiß nicht...
Die Gründe sind dunkel
Auf dieser Erde.
Ein richtig beschissener Tag!
Das System meines Vaterlands
Ist allgegenwärtig.

Ist das nicht ein Wahnsinn?
Es murmelt diese Worte in mir,
Die mich töten oder foltern.
Nur des Nachts
Bleiben meine Träume formlos.
Den ganzen Tag denke ich nur daran.
Niemand wird mich missverstehen
Oder niemand in der Welt wird mir glauben.
Mein Herz ist schwer.

CHOR

Sein Blick ist schwer,
Senkt demütig den Kopf.

JOSEF

Kann es so etwas im Leben noch geben,
Nach dem ich mich so sehne?

CHOR

Ganz ohne Zweifel.

JOSEF

Ich wünsche es mir schon,
Geliebt zu werden.
Die Vollkommenheit der Liebe...
Mein menschliches Zartgefühl
Verhindert diese Pläne.
Ausgerechnet.
So werde ich versuchen
Nichts als der Ausdruck
Außerhalb eurer Welt
Zu sein.
Ich muss diskret vorgehen.
Und sollten sie es je erfahren...
Ihr werdet mich sehen:
Einen nackten Krieger.
Koste es, was es wolle!

— Zweite Szene

Ludi, Alex, Henri und
Otto sitzen gemeinsam irgendwo.

OTTO

Seit einigen Tagen schneit es.
Gestern war ich im Gegenteilhaus.
Dort ist der Boden dreckig,
Und wenn du isst
Und wenn du krümelst,
Dann wird er sauber!
Es war niemand zu sehen.
Ich beschnupperte es
Durch einen Türspalt.

CHOR

Oha!

OTTO

Sagte ich zu mir.

CHOR

Oh!

OTTO

So ist es.
Ein solcher Höllengestank,
Dass ich mir die Nase zuhielt.
Nach einer halben Stunde
Eine Erleuchtung:
Wenn man furzt,
Dann riecht es gut
Im ganzen Gegenteilhaus.

ALEX

Ach wirklich?

OTTO

Ja, wirklich.

HENRI

Nicht zu fassen!

ALEX

Nein.

LUDI

Oder ja?

ALEX

Was machst du da eigentlich?

OTTO

Ich bin dort,
Um meine innere Mitte zu finden.

HENRI

Und hast du sie gefunden?

OTTO

Wen?

HENRI

Na, deine innere Mitte?

OTTO

Natürlich nicht,
Ist doch klar.
Wenn man im Gegenteilhaus
Seine innere Mitte sucht,
Kann man klarerweise
Sie nicht finden.
Ich habe nur
Meine Peripherie wahrgenommen,
Mein Äußeres gesehen
Und meinen Umfang erweitert.
Aber die Mitte
War nicht zu finden...
Ich werde sie wohl niemals finden.

Auftritt Josef

JOSEF

Ich war im Theater.
Wisst ihr übrigens,
Ich bin gern im Theater.

Da bin ich wieder,
Ungewöhnlich und ungeheurig,
Alles entsetzlich traurig!
Es sind keine Könige da.

ALEX

Was?
Wo sind die?

JOSEF

Sie befinden sich ja alle auf dem Mond.
Schon seit drei Tagen.

OTTO

Wer?

JOSEF

Böse männliche Geschöpfe,
Hässliche Menschen, mit gelbem, faltigem Gesicht.
Kapiert?

OTTO

Noch nie gehört und gesehen...
Ich bin nicht so klug,
Dafür seltsam.

LUDI

Ich verstehe...
Das ist aber eine merkwürdige Geschichte.

JOSEF

Ja, ich scherze nicht,
Das ist aller Welt bekannt.

ALEX

Du lügst.
Wie kann das denn sein?
Das lässt doch niemand zu!

JOSEF

Eine nie dagewesene Tatsache!

LUDI

Wieso?

HENRI

Und jetzt?

JOSEF

Wie gesagt,
Sehr wenig ist gewiss.
Ihre Kraft ist zu schwach,
Die Rückkehr beinahe
Schon verschlossen.
Wahrscheinlich sind sie
Bis zu ihrem Lebensende dort.
Gehen dem Tod entgegen,
Arm und Traurig.

CHOR

Sie sind fassungslos.

JOSEF

Zu bedenken ist allerdings nur:
Es ist nicht zu spät.
Wir müssen handeln!

— Dritte Szene

Alex, Ludi und Josef
schwärmen für Henri, machen diesem
Komplimente, streiten aber untereinander.

ALEX

Ein großer, regenbogen-nebelartiger Ring.
Der Junge sieht so gut aus.
Seine Bewegungen sind anmutig,
Doch sein Herz äußerst schwach.
Ich liebe ihn, zwischen Tag und Nacht.

LUDI

Und welch bezaubernder Blick.
Mit der Robustheit eines zwanzigjährigen Burschen,
Ach so selbstverständlich.
Wir sind voller Bewunderung,

Dein herrliches Geschlecht
Von nie gesehener Schönheit.

JOSEF

Und Begehrlichkeit,
Wenn ich mich ihm nähere.
Sein Glanz umgibt mich
In meiner Vorstellung.
Die Schönheit selbst
Richtet mich zugrunde.

OTTO

Du liebst ihn, gib's zu.

JOSEF

Ach nein...

OTTO

Das glaube ich.

JOSEF

Nein, nein.
Ich weiß wirklich nicht.
Du liebst ihn selbst!

OTTO

Ich gebe ihm keine Antwort.

JOSEF

Nicht wahr?

OTTO

Die Zeiten sind vorbei.

JOSEF

Aber keineswegs!

OTTO

In Ordnung...

ALEX

Wirklich? Warum?

JOSEF

Ja, warum?

OTTO

Es ödet mich schrecklich an.

JOSEF

Er ist lächerlich!

HENRI

Sie sind schön, meine Eier.
Nicht wahr?

ALEX

Ich bin ganz aus der Fassung geraten.
Sie machen mich nervös!

JOSEF

Pfui Teufel!
Ich halte es für unangebracht.
Darüber schweigt man bei uns.
Etwas so unkeusches.
Ich bin keusch,
Ich bin immer brav.
Was sonst?

CHOR

Bei verriegelter Tür
Entsteht seine Erregung
Beinahe freudenschauernd.
Der erotische Ausdruck,
Den ganzen Tag ohne Kleider.
Er trägt seine Kanone
Entblößt.
Masturbation.
Es klatscht sogar während...
Auf einer Nußbaumblüte
Ohne eine Spur zu hinterlassen.
Er zittert und schwitzt,
Wischt sich mit dem Ärmel das Gesicht ab.

ALEX

Dabei wird einem heiß,

Aber irgendwie gehört es sich nicht.

Der Junge ist hübsch,
Er ist sanft,
Ist einfach wundervoll,
Der schönste der Welt.
Hunger nach Schönheit
Ist nur das Sinnbild
Für die Liebe.

Liebe erfüllt meinen Körper,
Ich bin bewegt,
Immer komplexer
Aus dem Bewusstsein.
Plötzlich nicht mehr.
Ich mache mir Gedanken,
Die mir das Herz brechen.
Im Zustand der Reflexion
Fühle ich ganz,
Ganz und gar nicht traditionell.
Mich achtungsvoll selbst betrachten.
Mein Herz schlägt
Ohne andere Bedeutung.
Ich muss nachdenken,
In der Verzweiflung
Mut fassen.

Alle sagen, ich sehe viel besser aus,
Traurig und irgendwie menschlich.
Und nichts hasse ich so sehr!
Ich weiß, ich schiller'!
Aber ich habe mir gesagt:
Meine Eleganz
Ist in Gold getrieben.

Mich verschleiern
Glanz und Licht
Ganz ungekünstelt,
Ehrlich gesagt.

CHOR

Eine hübsche Maske.
Die Frage bleibt
An diesem Tage
Was willst du?

HENRI

Nicht sein wie die anderen,
Weil ich sie hasse!
Das sind Schauspieler,
Sie unterscheiden sich sehr deutlich von mir.
Und ich spiele mit,
Auch wenn ihr Charakter nicht dramatisch ist.
Ihre Gesichter sprechen für sich.
Sie sind unfähig.
Das Leben besteht aus Klischees
Und ich will sie alle erfüllen!

CHOR

Dieser lächerliche Satz,
Eine hochmütige Einsamkeit.

HENRI

Strichjungen
Brauchen viel Hochmut
Allem Anschein nach.

— Vierte Szene

Alex und Henri gemeinsam.

ALEX

Heute bin ich verliebt
In einer traumhaften Szenerie
Von früh bis spät

Und kann nichts essen.
Wie schrecklich seltsam das ist!
Meine Durchsichtigkeit
Gefällt mir überhaupt nicht.
Eine leere Schönheit.
Er gibt mir Farbe!
Bin schlechtgelaunt
Bis spät in die Nacht,
Um ein wenig meinen Kummer zu vergessen.

HENRI

Im Zimmer eines Freundes,
Eines ehrlichen Freundes.
Er ist stark.
Wie selten wir uns sehen!
Diese flüchtigen Augenblicke
Füllen die Lücken
Keineswegs vollständig.
Hast du nicht Lust,
In reiner Freundschaft,
Deren Stelle des stärksten Gliedes
Weiter zu bestärken,
Was das halbnackte Verweilen
Zu Zärtlichkeiten werden lässt?

CHOR

Ein unverhofftes Erlebnis,
Die Unbeholfenheit der Jugend
Sitzt unschuldig
Unter weißem Flieder
In dem Park
Und sie bemerken gar nicht
Was mit ihnen geschieht,
Was umso merkwürdiger ist.
Diese Lümmel
Waren sehr unruhig und nervös,

Eine eigentümliche Erregung.
Ist das der Augenblick?

ALEX

Und leidenschaftlich
Lümmelt es im Vorzimmer herum.
Sobald ich dich küsse
Es deine verborgene Traube
Ausbeult,
Steifer erigiert.

HENRI

Aha, mein Täubchen,
Das geht aber schnell.

ALEX

Das ist alles
Etwas mehr hinter mir!

HENRI

Ich beuge mich vor
Diesen prachtvollen Körper,
Für das Glied meines Freundes.
Ungezwungener
Treibt mich meine Sehnsucht,
Das geschlechtliche Leben steuert die Handlungen,
Durch die durch ihn hervorgerufene Erregung,
Also liege ich.

ALEX

Die neue Stellung ist schwierig.
Ein Kampf von Stahlriesen,
Bomben explodieren.

HENRI

Mit größter Mühe
Vor seinem Glied,
Zu befruchten
Wie ein Baum aus dem Märchen.
Eine seltsame Weichheit,

Die Geschmeidigkeit
Drängt sich stets dort hinein,
In jedes Herz und jeden Hintern.

ALEX

Meine Fähigkeit, mit dem Revolver umzugehen.
Das hat mich sehr beeindruckt.
Die gleiche Erregung
Auf meiner nackten Haut
Deutlicher zu empfinden.
Seine Arme bleiben verschlungen.
Da bleibt kein Höschen trocken.

HENRI

Er hockt sich nieder,
Sich mit leichtem Finger
Des Phallus bemächtigt,
So sorgfältig.

ALEX

Ich werde nicht länger,
Nur mit größter Not.
Gefällt dir das da?

HENRI

Du kannst hübsche Sachen!
Ich beugte mich vor,
Halb entkleidet,
Verführerisch.

ALEX

Das ist eine haarige Sache.

HENRI

Na und?

ALEX

Ich bin ganz aus der Fassung geraten,
Mein Verlangen danach
Richtet mich zugrunde,
Lässt mich zerfließen.

Ich sehe, wie ich darin ertrinke.

HENRI
Tatsächlich?

ALEX
Ohne Zweifel!

HENRI
Größeres Ungestüm
Mit den Sekreten seiner Scham,
Diese seltsame Konfitüre
Schob er mir vorn zwischen die Lippen.
Rüde Beharrlichkeit,
Harter, regelmäßiger Rhythmus.
Ebendiese besondere Kraft –
Diese Kraft hat keinen Namen.
Die erotischen Spiele
Von so sanften Lichtern erhellt.

ALEX
Eine Tube Vaselin,
Ein Rammbock:
Immer wieder stoßen,
Vertiefte Intensität,
Wegen seiner schmierigen Konsistenz.
Ich höre ihn stöhnen
Auf dem Bett.

HENRI
Auf so engem Raum
Verbeisse ich mich darin
Ganz zwanglos
Ihm in die Augen sehend.

ALEX
Er funkelt
Ganz lüstern
Mit kleinen sinnlichen Schreien.

HENRI
Dieses Röcheln
Drückt mir die Hände.

ALEX
Die tiefere Verschlungenheit
Vibriert so voller Anmut.
Spreche immer wieder von Liebe,
Streichele seinen Kopf,
Alle seine Muskeln.
Er lächelt.
Ich hoffe sehr...
Ich hoffe, dass es dich freut,
In jedem Augenblick deines Lebens.

HENRI
Das tut es,
Ich finde es sehr erfreulich.

ALEX
Ich spüre seine Gutmütigkeit
Wie niemand anders.
Da kam ich zum Schuss,
Schoss ihm ins Gesicht.
Den ganzen Mund voll
Mitten auf die Stirn einen weißen Fleck.

HENRI
Das macht nichts.

ALEX
Das hat mich sehr erfrischt.
Soviel drollige Späße,
Recht freizügig.
In seinem Innern
Wäre er nichts gewesen.
Auf meiner nackten Haut
Aus durchsichtigem Fleisch
Ist er mein eigener

Und mein ganzer Körper.
Ich schlief im Schatten seines Gliedes.
So verbrachte ich die Nacht,
Meine schönste Nacht.
Sie ist wie nichts vergangen.

Zweiter Akt — Erste Szene

OTTO

Da sitzen wir zu fünft,
Die Sonne auf meinem Gesicht.
Leicht wie ein Vögelchen
Muss man denken.
Lachtauben und Turteltauben sind ein und dasselbe
Abbild eines Gletschers.
Die gleiche kalte Schönheit
Mit kaltem Wasser,
Die du sofort wieder vergisst!

LUDI

Wie ist es draußen?

JOSEF

Es liegt Schnee, die Kiefern duften,
Raubvögel und Opfer.
Die Luft blutet.
Die Front hat sich gerade stabilisiert
Ohne bewaffnete Streitkräfte.

ALEX

Es versteht sich von selbst,
Nicht das Geringste zu tun.

OTTO

Kann man nichts tun?

LUDI

Wir sind gefallen,
Jemand muss uns aus dem Dreck ziehen.

JOSEF

Das ist unmöglich.

LUDI

So meinst du?

JOSEF

Was meinst du?

LUDI

Das frage ich dich.

ALEX

Weiß ich nicht.

Ich bin pessimistisch.

Ich gestehe es nur ungern ein...

JOSEF

Ich wundere mich.

Versteht ihr nicht, worum es geht?

LUDI

Ich schaue ihn an.

ALEX

Ich schaue ihn ebenfalls an.

JOSEF

Dabei bleiben Fetzen von ihm an mir hängen.

OTTO

Ich verstehe nichts mehr!

CHOR

Sie sind zerlumpt,

Da keine Hoffnung mehr bleibt,

Angesichts der düsteren Tatsache.

HENRI

Ich bin bewegt.

Große Traurigkeit steckt in mir

Über die traurigen Zeiten heute.

Die Welt ist bereits vergiftet.

Schrecklich dunkle Tage, matschig und schwarz.

ALEX

Das verstehe ich nicht.

Was sollen wir tun?

JOSEF

Die Vergiftung überwinden,

Wenn der Augenblick gekommen ist,

Bis die Welt zu sich kommt.

Einer von euch hier,
Ich sehe etwas heldenhaftes in ihm,
Viel schlichter und besser als ich.

ALEX

Ist das durchaus möglich?

JOSEF

Doch versteht ihr?
Sterben oder erretten!

OTTO

Lebhafte Unruhe in meinem Herzen.
Ich werde...

JOSEF

Du bist nicht gemeint...
Du musst handeln Ludi!

ALEX

Ich begleite ihn.

LUDI

Nicht nötig!

JOSEF

Heldenhaft wie immer!

HENRI

Er macht sich zum Haupthelden.

LUDI

Das habe ich nicht gesagt.

ALEX

Stolziert wichtigtuerisch...

LUDI

Aber genau das brauche ich doch.

ALEX

Ich werde ständig unterbrochen,
Leicht herablassend
Und herzlos.
Das ist Größenwahn!
Ein Prahlhans

Mit seinem aufdringlichen Geschwätz.

LUDI

So dumm ist das doch gar nicht.
Ich glaube an die Zukunft
Eines Tages
Ohne Ausbeutung der Menschen.
Regt dich das auf?

ALEX

Ich glaube nicht.
In jedem Helden
Schlummert ein Fanatiker.

LUDI

Bist wohl verrückt?
Der Mensch träumt und sinnt.
Dem Anschein nach
Bist du ein Träumer,
Der dieselben Qualen durchmacht,
Indem du sie zu leben hast.
In Schlaflosigkeit und in entsetzlichen Träumen
Zugrunde zu gehen.
Wir tragen alle eine Last auf dem Herzen.

ALEX

Ich bin weit davon entfernt...
Ich mache mir ständig Gedanken,
Ob ich nicht auch mal
Etwas Gedankenloses tun kann?

LUDI

Lass dich doch mal
Zu etwas hinreißen.
Wer sich nicht hinreißen lässt,
Kann auch nicht hinreißend sein!

JOSEF

Stillgeschwiegen!
Streit um nichtige Dinge.

ALEX

Weil ich merke,
Dass ich nicht gebraucht werde.

LUDI

Wieviel Zeit habe ich?

JOSEF

Du hast noch jede Menge Zeit.

LUDI

Also wieder ein Tag des Wartens...

ALEX

Und wir?

JOSEF

Was macht es schon?
Ihr seid ja nutzlos
Außer eurem guten Willen.

HENRI

Das will ich hoffen.

ALEX

Ich aber bleibe böse.
In Ordnung, sage ich
Mit derselben spürbaren Verachtung...

ALEX

So habe ich dich noch nie reden hören.
Wörter der Liebe...

JOSEF

Schon jetzt Katzenjammer,
So ändert das nichts.
So vermute ich jedenfalls.

OTTO

Ich wünschte mir,
Was ich suchte:
Das Wort selbst.
Buchstäblich die Wirklichkeit
Geliebt zu werden,

Schnell oder langsam.
Ein eigenes Zimmer.
Dabei suche ich
Nur ein leeres Gehäuse,
Von nie gesehener Schönheit.
Und ich beiß mir
Beim Reden auf die Zunge,
Weil sie so groß ist.

JOSEF

Was?

— Zweite Szene

Alex und Henri gemeinsam.

ALEX

Eines Morgens bückte er sich.
Die Tulpen blühten wie nie.
Der junge Mann öffnet
Die Traube seiner Schönheit
Mit dem Hintern,
Der nackt im Bett liegt,
Der sich meiner Lust versagte.
Von diesem Turm aus
Verfalle ich in Banalität,
Murmele ein paar unverständliche Worte,
Auf eine feine, einfühlsame Art.
Ich komme mir damit komisch vor.

HENRI

Ich werfe mich aufs Bett,
Schlechtgelaunt
Mit unterdrücktem Gähnen.

ALEX

Gut geschlafen?

HENRI

Angeblich sehr gut…

ALEX
Ich drehte mich um.
Sein Gesicht war ebenso sorgenvoll ...

HENRI
Wie meines.
Ich schaute ihn ebenfalls an.

ALEX
Wie geht es dir?
Du bist so schweigsam,
So glatt und geschmeidig
Beinah identisch
Mit Krabben und Muscheln.

HENRI
Tut mir leid.
Eines Tages musste es passieren.

ALEX
Ich verstehe dich nicht...
Was machst du da eigentlich?

HENRI
Für die neue Welt arbeiten
Mit ausgeprägten Muskeln.
Aber irgendwie zeigt sie sich mir nicht.
Es ist eine schreckliche Anstrengung.
Wenn die Stunde schlägt,
Dann besprechen wir alles
Mit ganz anderen Augen.
Aber ich mein Freund, muss weiterleben.
Warte nicht auf mich,
Wenn der Augenblick gekommen ist...

ALEX
Reg dich ab!

HENRI
Auf keinen Fall.

ALEX
Tut mir leid.
Vielleicht tröstet es dich,
Du bist ein Vollidiot wie ich.
Sonst nichts.

HENRI
Das alles gehört sich überhaupt nicht.
Gefällt mir überhaupt nicht!

ALEX
Willst du vor dem Bumsen essen?
Und ich rede von gebratenen Hoden,
Und einem Glas Wasser.

HENRI
Kommt drauf an...

ALEX
Zwei Gläser
Und ein Bier.
Das ist besser als Valium.

HENRI
Bist du sicher?

ALEX
Ganz und gar!

HENRI
Iss mich und bums mich!

ALEX
Bist du sicher?

HENRI
Mann neben mir,
Großer roter Mund,
Eine Hand an die Schläfe,
Küsse dich.

ALEX
In Ordnung.

Sagte ich.
Und küsse
Dieses Ding,
Das über allem steht.
Werde empfänglich
Für seine armselige Zärtlichkeit,
Um ihn gleich darauf
Eindringen zu lassen,
Denn er liebt mich.
Soll ich vielleicht nicht?
Das Spiel seiner Muskeln
Stimmt in meinem Körper keinen Hochgesang an.
Wie so oft
Bleibt er unnahbar,
So dumpf
Und nur reglos.
Nur selten stößt er mich
Und nur von kurzer Dauer.
Wie hartes Eisen
Sowieso nicht.
Und er ist mir
Ungefähr so aufregend wie
Quark mit Kümmel.
Mir ist die rosarote Brille
Von der Nase gerutscht.
Ich gebe doch zu,
Ich fürchte, ich liebe ihn
Mehr und mehr,
Nicht mehr.

— Dritte Szene

Henri und Josef
gemeinsam. Josef versucht, Henri
schöne Augen zu machen und mit
diesem zu flirten.

JOSEF

Ich bin gerne hier am Fenster.
Denn ich liebe Fenster.
Liebst du auch Fenster?

HENRI

Er wendet sich an mich,
Bleibt zum Essen und erzählt
Trockene Selbstverständlichkeiten,
Ein paar Worte erst.
Dann kommt er sehr ins Reden,
Albernes Geschwätz.
Erzählt mir unglaubliche Geschichten,
Etwas Ungewöhnliches und Ungeheures,
Lügt ohne jeden Skrupel.
Aber was soll ich machen?
Dann blickt er stumpf vor sich
Ohne Blitz und Donner.
Es ödet mich schrecklich an!

JOSEF

Mein Fluch ist,
Ich will in der Wahrheit leben,
Jedoch im Inneren tausend Probleme.
Wirrwarr...
Traurigkeit, Widerwillen, Unmut,
Nicht sensibel sein zu können.
Doch heute ist alles gut,
Ich bin totz allem glücklich.
Wie schrecklich seltsam das ist.

HENRI

Das ist es.
Ein sehr sonderbarer Mensch,
Außerordentlich merkwürdig,
Ein bisschen salzig
Ehrlich gesagt.
Pfui Teufel!
Wenn man ihm ins Gesicht sieht
Weiß wie ein Schwan,
Eine säuerliche Miene.
Was tut sich in diesem Kopf?

JOSEF

Wenn ihr wüsstet...
Ich liebe eben
Halbwüchsige Jungen.
Mehr oder weniger...

HENRI

Er trägt kein Hemd,
Hosenschlitz.

JOSEF

Und ich baumele mit
Einem Stück Wurst.
Zeichen der Männlichkeit.

HENRI

Wie das hängt!

JOSEF

Hast du Angst?

HENRI

Ohne Zweifel,
Es ist hässlich!

JOSEF

Was?
Du lügst,
Du Miststück!

Blöder Hund!

HENRI

Aber nein.

Weit gefehlt!

Dein singender Zauber ist seit langem verloschen.

Das sieht man doch.

JOSEF

Ist das wahr?

HENRI

Stimmt genau.

JOSEF

Ach, ma chère...

Ich glaube du ahnst,

Bei wem du Unschuld heucheln kannst

Ohne darüber nachzudenken.

Du weisst sicher,

Dass ich das nicht leiden kann.

HENRI

Ja, und alles kommt anders,

Ich schaffe es nicht mehr.

Das einzige was mich leitet,

Es sind meine leeren Worte.

Ein katastrophal paradoxes Ausmaß.

JOSEF

Das entscheidende Problem ist:

Ich habe Verständnis für dich.

Es quält auch mich sehr.

Ich habe oft den Schmerz.

Ich ziehe daraus

Pures Leben.

Meine Wirklichkeit

Scheint mir ebenso unbezweifelbar.

HENRI

Ich wollte einen Felsen,

Eine neue Haut.
Wurde zerschlagen,
Verbrennenden Lebens
Erdrückt vom Gewicht.
Ich zersprenge mich in alle Teile,
Bruchstückhaft
Fresse ich Staub.
JOSEF
Im übrigen ist es bedeutungslos.
HENRI
Der Tag gestern war schlimm für mich.
Er bat mich sehr:
Lass mich nicht allein,
Wenn du diesen Ort verlässt!
Mach sofort kehrt!
Es zerriss mir das Herz
In ganz wörtlichem Sinne,
Denn es waren keine leeren Worte.
                              Auftritt Alex.
ALEX
Er sagte nichts darauf.
Das ist Mord an der Seele eines Menschen.
Und so schwiegen wir.
HENRI
Er atmete schrecklich schwer,
Ich atmete auf.
Besonders langsam.
Ich schämte mich richtig.
Er sah so ärmlich aus.
Ich nahm ihn in die Arme,
Streichelte seinen Kopf,
Wie ich es früher übrigens immer tat.
Dann bin ich gegangen.
Leicht erzürnt,

Leicht schmerzlich.
Es ist zu Ende.

ALEX

Doch nie vergesse ich
Die flammenden Gefühle,
Obwohl ich gleichzeitig genau weiß,
Dass man vielleicht nichts so liebt
Wie Sehnsucht.

JOSEF

Du bist so schweigsam!

ALEX

Du sollst ruhig wissen
Wie traurig es war.
Wie traurig ich war!
Ich sehe, wie ich darin ertrinke.

JOSEF

Mach dir keine Sorgen.
Ich sage es aus Erfahrung.
Es reicht heute kaum mehr
Zu sagen: Ich liebe dich!
Man muss schon besonders sein
Und sagen:
Ich liebe dich
Und bin dir tausendfach ergeben
Wie ein glitzerndes Perlenmeergesicht.
Weil Perlen sind eben wertvoll.

— Vierte Szene

Otto und Ludi gemeinsam.

OTTO

Was ist mit mir geschehen?
Ich habe immer alles sein wollen.
Ich reiße mich los.
Sich verlieren im Leben.

Manchmal vergesse ich Wörter,
Nach denen ich mich so sehne.
Ich mache mir ständig Gedanken.
Es lässt sich zuviel denken!

LUDI

Und was sind deine Gedanken?

OTTO

Na, Worte eben.

LUDI

Und wie entstehen deine Gedanken?

OTTO

Aus Leiden.
Woraus denn sonst?

LUDI

Nein, also...
Zwischen den Worten
Stehen die Gedanken.

OTTO

Ich dachte zwischen den Zeilen?

LUDI

Da steht das Leiden.

OTTO

Steht da nicht der Sinn?

LUDI

Vielleicht...
Was ist schon Sinn?
Außer, dass nur der Sinn
Sinn ergibt.

OTTO

Das kann nur der Sinn!

LUDI

Oder kommt dir noch etwas anderes
In den Sinn
Außer der Sinn?

OTTO

Weniger Worte, weniger Gedanken!
Weniger Zeilen, weniger Sinn...

LUDI

Oder umgekehrt.

OTTO

Manchmal vergesse ich Worte.
Heute hatte ich plötzlich das Wort,
Verwundert, aber auch erleichtert.
Ich gebrauche die Worte anderer,
Um meine eigenen zu finden.
Schöne Gedanken entstehen
Aus schönen Worten.

LUDI

Das macht Sinn!

OTTO

Und was steht eigentlich
Zwischen den Buchstaben?
Ich habe das wichtigste,
Das ich sagen wollte vergessen.
Und es wird mir
Nicht wieder einfallen.
Das ist furchtbar!

LUDI

Unsere Sprache ist unfähig.
Nachts träume ich die Sätze,
Die gesagt werden können.
Sie weichen der atemlosen Wirklichkeit.
Was sich sperrt,
Bis zum letzten Atemzug
Existiert und zählt.

OTTO

Jetzt ist es da.
Kurz davor,

Aber nicht ganz.
Und wieder weg.
Es wird mir nie wieder einfallen.
Mir fällt alles ein,
Nur dieser eine,
Wichtigste Satz nicht.
Seltsam ist das alles...
Umbruch in meinem Leben,
Tage, die fast keine sind.
Ich ändere meine Frisur,
Denn ich verliere total den Verstand.
Und taumele.
Es ist seltsam grell.
Schmink mir das Gesicht etwas dunkler,
Um es zu zerstören,
Hätte ich dazu Kraft genug.
Es ist sehr komisch.

LUDI

Heute bin ich verliebt,
Ganz ohne Zweifel!
Zitternd sehe ich ihn an.
Meine Erregung ist so stark
Fast ohne ihn zu berühren.
Ich bin von ihm besessen,
Ich liebe ihn,
Ich leide!

OTTO

Man sollte wählerischer sein.

LUDI

Im Zimmer meines Bruders
Berührte ich ungeschickt
Harte Muskeln,
Harte Männlichkeit,
In reiner Brüderlichkeit.

Ob es gut ist?

Aber keineswegs!
In meinen Augen,
Nach meinem Empfinden.

LUDI

Ich liebe nunmal schöne Männer...

CHOR

Wie zweifelhaft
Auf diese Art.

LUDI

Ich werfe mich aufs Bett.
Das Bett ist sehr eng,
Zu ihm zieht es mich ungestüm hin.
So nah, dass er mich berührt.
Ein Kreis umgibt uns,
Magnetismus,
Zusammen eingeschlossen.
So etwas habe ich zum ersten mal,
Wenn er meine Haut streift.
Ich nehme ihn in die Arme.
Das fängt an, mich zu erregen.
Leise erkläre ich ihm meine Absicht.
Süßholz raspeln.

OTTO

Ich schäme mich richtig.

LUDI

Ich darf also auf dich?

OTTO

Aber gegen meinen Willen.
Plötzlich blickt er mich an und lächelt.
Seine beispiellose Macht über mich.
Ein zerstörerischer Engel.

LUDI

Wir beginnen beide heftig zu...

OTTO

Er ist feurig und maßlos,
Stärker und bösartiger.

LUDI

Ich bin von ihm besessen,
Völlig außer Kontrolle,
Treffe ihn in die Hoden,
Weil er es so will!

OTTO

Es tut mir weh,
Ist mir unangenehm.
Es ist schmutzig in seinen Augen.

LUDI

Ohne die Augen
Ist es am besten.

OTTO

Ein Hauch der Güte
Auf seinen Muskeln?
Keine Spur.
Ich sage, es ist genug!
Auf Distanz,
Laß mich!

LUDI

Aber warum denn?

OTTO

Laß mich!

LUDI

Ich verstehe dich nicht!

OTTO

Daß es dreimal wiederholt werden muss.
Laß mich!

LUDI

Tut mir leid…

…

Er sagt nichts darauf.
Er reizt mich.
Meine Antwort,
Mein Speichel,
Kurz und Trocken
Mit heißem Mund.
Seine Erregung,
Die ihn noch verführerischer macht.
Der kluge und der dumme Bruder,
Die Zartheit seiner Hand
An meinem muskelstrotzenden Körper.

> Ludi lässt von Otto ab
> und sie sitzen sich gegenüber. Nach
> einer Weile beginnt Ludi zu reden.

LUDI

Wie war dein Tag?

OTTO

Gut.

LUDI

Kannst du etwas mehr erzählen?

OTTO

Ganz gut.

LUDI

Noch genauer?

OTTO

Ich habe geträumt,
Dass wir ein Glas Milch großziehen müssen.
Fett war die Milch und sehr gut.
Wir haben ihm das Sprechen beigebracht.
Dann hat das Glas Milch gelernt,
Telekinese anzuwenden.

Das hat mir Angst gemacht.
Ich habe es trotzdem geliebt!

> Ludi verlässt die Bühne,
> Otto bleibt allein zurück.

— Fünfte Szene

OTTO

Heute bin ich nicht aus dem Haus gegangen.
Mein Herz ist schwer.
Was ich auch tue,
Ich fühle mich kraftlos,
Bin so allein und hilflos,
Fühle mich wie ein Trinker.
Ich lebe immer weniger mein eigenes Leben.
Wie trennt man sich von sich selbst von dem,
Das nicht mehr man selbst ist,
Um sich seinen Standpunkt bewußt zu machen?
Meine düstere Stimmung
Wegen der nervösen Depression.
Ich trinke zuviel schwarzen Kaffee.
Ich bekomme unangenehme Herzanfälle
Und kann nichts essen.
Ich ringe mit Gedanken und Gefühlen.
Ein Teufelskreis...
Ich habe nicht geglaubt, dass ich...
Dass ich nicht gebraucht werde.
Den ganzen Tag denke ich nur daran.
Heute habe ich das beendet,
Sonst werde ich verrückt.
In meinem Leben ist das
Ein kurzer Augenblick.
In meinem Inneren
Vergeht ein Jahrhundert.
Das innere Bild,

Habe einen seltsamen Traum.
Das war wirklich,
Der Traum war so deutlich.
Das brausende Summen,
Ein unangenehmer Wind wehte,
Aber es fällt kein Schnee.
Ich schwitze
Im kalten Matsch.
Ich gehe hinein
In das Zimmer,
Ein schrecklicher Ort.
Mich entsetzen die riesigen,
Flügellosen Männchen,
Unsichtbare Hasen.
Breites Gesicht,
Sehen so ärmlich aus
Und wenden sich an mich
Mit grundsätzlichen Fragen.
Haben so viel guten Willen,
Schmiegen sich an mich wie Menschen.
Sie vermehren sich von selbst
Und ich irre mit ihnen umher
Im leeren Raum,
Weil es in Strömen regnet.
Was mit mir geschieht...
Da bin nur noch ich selbst,
Vor mir oder hinter mir.
Bewegend ist für mich der Gedanke:
Vielleicht bin ich,
Ich bin nicht mehr?
Und ich versuche zu leben.
Völlig erschöpft,
Die Müdigkeit in den Beinen.
Dass ich mich aufraffe,

In maßlos langsamen Tempo.
Ich kann mich nicht bremsen,
Diese Musik begeistert mich.
Mein Tanz ist keusch,
Im Rausch des Entzückens,
Die ganze Nacht hindurch.
Sie wird noch tiefer eindringen
In die Ausmaße meines Körpers,
Mein eigenes Herzblut
Als Zufluchtsort.
Ich gefährde meinen Gedankengang,
Doch nichts könnte angenehmer sein.
Doch was hilft's?
...
Jetzt bin ich ganz anderer Stimmung.
Erst jetzt merke ich,
Ich fühle mich mehr.
...
Einige Jahre später
Zum Tanzen gegangen.
Alle sitzen schweigend,
Tun so, als sähen und hörten sie nichts
Von der Melodie des Liedes.
Und es ist bedauerlich.
Es geht immer schlechter.
Ungerührt von der Musik
Merke ich nichts.
Vor Nässe und Kälte
Gibt es nur Traurigkeit.
Wir leben in einem Märchen,
Eine Welt gleichsam Sehnsucht.
                CHOR
Und dabei ist er ein Träumer.
Es ist wirklich

Ein seltsamer Anblick.

Niemand sieht wie schön es ist
Trotz des guten Willens.
Schönes, leicht frostiges Wetter.
Frühlingshaftes, feuchtes Wetter.
Gefühl der Mutlosigkeit,
Den ganzen Tag bin ich melancholisch,
Wir sind nicht genug,
Weil wir zu viel zu tun haben.
Ich arbeite den ganzen Tag
Wie sich das gehört
Schmucklos und sachlich.
Ich weiß nicht mehr was.
Laufe wie gestört herum
In dieser Form ohne Form.
Ich jammere nicht.
Was mich am Leben hält,
Das weiß ich sicher.
Denn ich hatte es mir notiert,
Das weiß ich sicher.
Ich habe soviel Spannung in mir,
Dass mir nichts mehr spannend erscheint.
Und umgekehrt
Gibt es nur Traurigkeit.
Ich fühle mich krank,
Immer kleiner, immer kleiner.
Ständig bin ich erregt,
Keine Kraft mehr,
Nichts als Traurigkeit,
Schreckliches Chaos.
Wie ein Traum
Aus einem unruhigen Strudel
Voller Verzweiflung.

Das ist nicht gut!
Poesie lässt sich aus
Spannung nicht erzeugen.
Je abstrakter ich denke,
Desto mehr vernachlässige ich
Mein Äußerstes.
Ich verbringe meine Zeit,
Verfalle in Banalität
Und deshalb ist die Situation wertlos.
Ich glaube an die Zukunft,
Wüßte ich vielleicht, was ich sagen sollte,
An mein künftiges Ich
Der vergangenen Tage.
Bis dahin
Mache ich Gymnastik und reibe mich
In den Ohren,
Auf ähnlich hartnäckige Weise.

Dritter Akt — Erste Szene

Um zehn schaltete ich das Radio ein.
Jede Stunde bringt etwas Neues.
Ich notiere kurz und chronologisch die Ereignisse:
Revolution war ambivalent
Immer bedrohlicher
Die Menge auf der Straße
Erzittert von dem Getöse
Gestern Abend entbrannte die Schlacht
Luftangriff auf
Abgestorbene Verzweiflung
Wie ein Blitzschlag
Sturm und Schneeverwehungen
Ein noch größerer Lärm
Nachricht über mehrere Todesfälle
Bomben explodieren
Von einem Maschinengewehr erschossen
Auf den Straßen Leere
Wahrhaft apokalyptisches Ausmaß
Es ist schrecklich
Ich bin schrecklich
Schrecklich – schrecklich
Ist völlig zerstört
Schrecklich wichtige Herren
Und irre mit ihnen umher
Das Abtrennen des Kopfes ist eine tödliche Sache.
Das Opfer des Lebens.
Ich kann die Erschütterung nicht beschreiben.
Was ich dann tun soll, weiß ich nicht.

LUDI

Für die Zukunft große Pläne.
Es vergeht ein Jahrhundert
Und wir versuchen zu leben.
Doch niemand hat offenbar daran gedacht

Für die neue Welt zu arbeiten.

ALEX

Gibt es für uns keine Rettung mehr
Im dunkelsten Zeitabschnitt der Geschichte?

LUDI

Wenn hier etwas möglich ist
In der verlorenen, versunkenen Welt...
Alle sind wir Kriegsverbrecher!
Ich habe nicht die geringste Lust
Zu bösem Spiel.

OTTO

Ich will nicht mehr...

JOSEF

Ich weiß nicht, wie das passieren konnte.
Vielleicht klingt es zynisch.
Zu viele Verräter
Krepieren für das Glück künftiger Generationen.
Und die letzten zerreissen
Buchstäblich die Wirklichkeit.
Jetzt bin ich ganz anderer Stimmung.
Man erlebt jetzt seltsame Dinge
Aber bestimmt nichts originelles.
Dinge, die man nicht ertragen kann.
Es ist unmöglich, heute so etwas zu schaffen,
Um über sich selbst hinauszuwachsen.
Es ist unmöglich.

ALEX

Ich werde ständig unterbrochen.

LUDI

Ich bin meiner selbst überdrüssig.

ALEX

Ich komme nicht zurecht
Über düster brodelnde Dinge.

HENRI

Ich stehe ratlos über Fragmenten.

OTTO

Am Thermometer null Grad,
Grau, dunkel, Tauwetter.
Riesige Menschenmengen,
Gestern Abend entbrannte die Schlacht
Wie ein Blitzschlag
Mondhell.
Von diesem Zeitpunkt an Leben,
Das Leben als höchstes Gut
Ist nicht das zentrale Problem,
Daran besteht kein Zweifel!
Die Rücksichtslosigkeit
Mit schwarzen Masken,
Um sich totzuschlagen.
Dass der Mensch, wenn er
Als Individuum und als Glied
Sich gegenseitig tötet,
Mitleidlos,
Vor allem roh.
Die rohe Gefühlslosigkeit
Ist immer bedrohlicher,
Dagegen können wir nichts mehr tun.
Und jemand sagt
Zu meiner Verwunderung:

JOSEF

Ich weiß nicht, wie das passieren konnte?

LUDI

Natürlich nicht...
Immer noch kann ich nicht begreifen.
Es fehlt auch der Glaube an das Leben.

JOSEF

Nachts gab es ein starkes Gewitter.

Der gute Wille
In diesen Generationen
Ist in einer dunklen Ecke,
Einer dicken Staubschicht.
Und es ist bedauerlich
Wie weit eine öffentliche Moral
Sich völlig zerstört.
Allerweltsverkommenheit,
Ein allgemeines Phänomen
Unter den Nichtgläubigen.
Das Gesetz zerbricht.
Einsamkeit und Elend
Habe ich nicht vergessen,
Sind nichts geworden.

— **Zweite Szene**

CHOR

Ein neuer Abschnitt des Chaos.
Schreckliches Chaos.
Innerhalb weniger Tage,
Kollektive Sorge.
Es war der erste richtige Wintertag,
Alle rennen wie verrückt,
Traurig und irgendwie menschlich.
Verrückt gewordene Zeit.
Ich trete auf die Straße,
Um zu beobachten.
Schrecklicher Hass,
Hand in Hand
Mit tragischer Dummheit.
Diese stumpfsinnigen Trampel,
Sie sind unzerstörbar.
Sie spielen ihn großartig,
Den Verlust ihrer Freiheit.

Werde ich heute noch lange hier herumlaufen?
Also gemach.
Jetzt gehe ich nicht weiter,
Wende den Blick
Und mache mich durchlässig.
Überkomme das Entsetzen.

OTTO

Ich bin trotz allem glücklich,
Nüchterheit überfällt mich,
Weil wir viel zu tun hatten.
Jetzt bin ich wieder ruhig.
Bin froh, dass ich heimkomme,
Wenn ich den Ort verlasse.
Ich hatte viel zu tun,
Vielleicht ein bisschen überladen,
Als ich nicht zuhause war.
Und wenn ich dann heimkomme
Merkt er mein Kommen gar nicht.
Seit meiner Rückkehr –
Weiß der Teufel, wann das war –
Keine Nachricht für mich.
Zuhause immer noch Briefe
Vor jeder Tür.
Ich habe vergessen zu notieren.
Briefe sind Unsinn,
Denke ich.
Leben im Alltag
Und ich denke fragend,
Warum ich alljährlich daran denke.
Es ist noch gar nicht lange her,
Dass ich so unglücklich war
Aus irgendwelchen familiären Gründen.
Eine übermächtige Angst,
Trotz des guten Willens.

Ich fürchte sehr
Das Zimmer meines Bruders.
Ein nacktes, unschönes Zimmer.
Der brutale Bruch
Mit altmodischen Methoden,
Die alles zudecken,
Die alles unterdrücken,
Was mich daran betrifft.
Von unten blickt man
Über den Stuhl.
Ja, aber der Schmerz ist nicht so stark,
Um jemanden zu rufen.
Noch nicht vergessen
In den Tagebüchern
Mich einzuschließen,
Zu winseln und schönzutun.

LUDI
Ich gehe noch einkaufen.
Wünschst du dir etwas Bestimmtes?

OTTO
Weltfrieden.

LUDI
Vielleicht etwas Realistisches?
Das mit dem Weltfrieden
Kann ich nach Feierabend
An einem Donnerstag
Einfach nicht so schnell lösen...

— **Dritte Szene**

CHOR
Draußen Nebel, Nachtfrost und Rauhreif.
Er ist da drinnen.

HENRI
Ich bin so allein und hilflos

Auf der Herrentoilette.

CHOR

In der Toilette ist ein Stricher.
Ob er genug Sex-Appeal hat?

HENRI

Ich weiß noch nicht einmal wohin.

CHOR

Kleidungsstücke des Stricherjungen,
In höchst geschmackloser Weise,
Jugendlich unverschämt,
Halb entkleidet,
Was ihn noch verführerischer macht.

LUDI

Du weißt warum ich hier bin.
Hast du was für mich?

HENRI

Ich weiß nicht mehr...

LUDI

Ich erinnere mich noch sehr gut.
Ich wünsche mir
Kaffee mit Sahne,
Überall mit weißen Flecken!

HENRI

Seine Gegenwart macht mich närrisch,
Dass ich plötzlich Heimweh spüre,
Wenn ich mich ihm nähere.
Sein Blick
Zieht mich an.
In meiner Nervosität,
Durch seine Aufdringlichkeit
Schwitzen meine Füße.

CHOR

In der Verzweiflung
Seines eigenen Herzens,

Wurde er rot vor Scham.
Violett und duftig.

LUDI

Ein spöttisches Lächeln,
Möglicherweise eitel.

HENRI

So, meinst du?

LUDI

Wenn er es erfährt?

HENRI

Kann dir egal sein.

LUDI

Und ich weiß,
Du machst mich wahnsinnig!

HENRI

Das weiß ich sicher.

LUDI

Wieder einmal
Ganz zwanglos
Auf eine feine, einfühlsame Art
Beim Wichsen an dich gedacht...
Du lässt mich verzweifeln,
Wie so oft.
Ich weiß, wohin ich ziele!
Mitten ins Bild.
Ungezwungener
Beobachte ich ihn im Spiegel.
Sein Mund steht halb offen.

HENRI

Ein sehr nützlicher Zwang.

LUDI

Ich bin in Affären verwickelt.
Ich habe mich so bemüht,
All die Dinge

Voneinander zu lösen.
Stürzte mich in ein Abenteuer
Indem ich Liebe heuchele.
Meine Zärtlichkeit
Zu einem jungen Mann.
Einem dummen Jungen.
Aber er will nicht.
Ich nehme ihn an mich.
Nur ich und der Schönste aller Männer.
Er trägt kein Hemd.
Der Geruch seiner Achselhöhlen
Heuchelt Gleichgültigkeit.
Warum genierst du dich denn?

HENRI
Ich weiß wirklich nicht...
Mein Körper hat Angst.

LUDI
Eine einfältige Angst,
Die Allüren einer entnervten Tunte.
Ich will es dir sagen:
Es reizt dich.

CHOR
Er errötet.

LUDI
Leise erkläre ich ihm meine Absicht.

CHOR
Er wird noch tiefer in dich eindringen,
So wuchtig wie eine Säule,
Flüssig und souverän.

HENRI
Darauf bin ich nicht vorbereitet.

LUDI
Nein?

HENRI

Willige aber schließlich ein.

Nichts für ungut.

Aber mach schnell.

LUDI

So eine schöne Geste!

HENRI

Ganz plötzlich

Er wirft mich gegen die Tür.

Hebe ein wenig den Kopf

Mit feurigen Wangen

Ohne zu erröten.

Ich verschnaufe erst einmal.

Seine muskigen Schenkel,

Zu kräftig, zu rasch.

Er ist feurig und maßlos.

CHOR

Mit leichtem Finger,

Eine Hand an die Schläfe.

Er streift ganz seicht

Seinen halb geöfneten Mund.

HENRI

Die Entdeckung der erotischen Grundlage

Nagt an meinen Ohren,

Fasst an meine Lippen

Und steckt ihn in meinen Mund.

Im harten, regelmäßigen Rhythmus

Und so lange wie es mir gefällt.

Meine Muskeln sind unbeholfen

Im Zustand völliger Liebe.

Zwar fühle ich mich fast

Wie ein dressierter Affe

Aber...

CHOR

Ein heftiger Stoß
Nimmt ihm den Atem.
Er atmet schrecklich schwer.
Kann die Tränen kaum unterdrücken.
Zum Bersten voll,
Dass es ihn würgt,
Dass man kotzen möchte.

LUDI

Ein kleiner roter Mund.

CHOR

Aus dem sein Blut fließt,
Zur Befriedigung seiner Lust.

LUDI

Mit irgendmeinem stahlharten Ungeheuer,
Wie ich das Ding einstecke,
Solange du noch heil bist.
Eigentümliche Erregung
Bereit in der Hand
Noch größer
Noch stärker.

HENRI

Ich bin schon völlig gebrochen
Von den Fußspitzen bis zum Kopf
Krümme ich mich.

LUDI

Solange die Schüsse andauern, zittert er,
Der große rote Mund
Zum Bersten voll.

CHOR

Die unheimliche Kraft der Atomzertrümmerung
Die fast totale Vernichtung
Mit blauen Flecken um den Mund.

HENRI

Das demütigende Geständnis:
Zum Schluss war es nicht so schlecht,
Macht meine Liebe noch stärker.

LUDI

Dreckiges kleines Luder!
Doch nie vergesse ich
Hübsche blaue Augen und himbeerrote Lippen.
Ich liebe nun mal schöne Männer
Mit deiner hübschen Fresse.

HENRI

Er ist ein Ungeheuer,
Daran besteht kein Zweifel.
Ich habe das alles nicht gesehen.
Man hat es mir später erzählt,
Was das für ein Mensch ist.
Liebe aus Ekel
Ist einfach wundervoll.

LUDI

Ich habe das Gefühl,
Dass ich Männer
Durch psychologische Kriegsführung
Und Handgreiflichkeiten
In den Wahnsinn treibe,
Von Unglück zu Unglück stoße
Und so abhängig von mir mache.
So vergehen sie
Leider
Die flüchtigen Augenblicke,
Betäubende Visionen
Zwischen meinen amourösen Neigungen.

CHOR

Wollust und Erniedrigung,
Ein so köstliches Schamgefühl.

Es ist dieselbe Liebe wie andere.

LUDI

Vielleicht ist es das...

Und es ist alles viel zu heftig und bedenkenlos,

Sich allzu eng mit ihm einzulassen.

Ich bin dann so unvorsichtig

In solchen Dingen.

CHOR

Aber ich nehme an.

Er nimmt ihn an sich.

Er nimmt ihn mit

Um sich zu lösen.

Im Gegenteil,

Er wirkt sehr sicher,

Wenn ich sicher bin.

— Vierte Szene

Otto, Josef und eine ganze

Schar wilder Jungen.

OTTO

Heute Nacht habe ich nicht geschlafen,

Habe ich nicht geschlafen.

Hatte einen seltsamen Traum.

Draußen Nebel, Nachtfrost und Rauhreif,

Alles wirkte wie im zehnten Jahrhundert.

Ein blonder Jüngling in militärischer Khakijacke.

Ein Blonder mit gelocktem Schopf.

 Sie sprechen so blaß,

Anständig und elegant,

Mit zarter Anmut.

Viel schlichter und besser als ich.

Menschen mit so durchsichtig blauen Augen,

Wie ich es nie zuvor gesehen habe.

Halbwüchsige Jungen

Im kalten Matsch,
Sie rennen wie verrückt.
Als hätten sie
Zu starken Kaffee getrunken.
Eine Schar fliehender Kakerlaken
Verstanden nicht, worum es ging.
Sie singen affektiert,
Singen wie Sirenen.
Ein unbeschreiblicher Lärm!

CHOR

Nur die verfaulte Welt,
Wird die Welt regieren!

OTTO

Es lässt mir das Blut in den Adern gerinnen.
Es wird überhaupt nicht Tag
Hinter verschlossenen Türen.
Weil ich es vorziehe,
Ziehe ich die Gardinen zurück.
Ich gehe nur kurz hinaus,
Um sie totzuschlagen
Mit kläglicher und demütiger Stimme
Sitzen Sie unschuldig:

CHOR

Habe Erbarmen mit uns!

OTTO

Ich konnte es nicht...
Geht mir nicht von der Hand.
Ich weiß, was Mitleid ist
Und breche in Tränen aus,
In eine Sintflut.

JOSEF

Was der Mensch träumt und sinnt...
Seltsam.

OTTO

Doch was hilft's,
Weil ich nie seekrank werde?
Im Wasser
Sind sie explodiert –
Auseinandergeborsten in zwei Extreme
Ohne eine Spur zu hinterlassen
Und nichts bleibt übrig.

JOSEF

Wichtig ist, zu erkennen,
Was sich hinter den Worten verbirgt.
Die Vorahnung eines Zustands,
Vermutlich schrecklicher Tod.

OTTO

Ich warte lange auf ihn.
Ich soll nur mit,
Wieder einmal.
Und jetzt?
Ich bin zu müde
Also bin ich gegangen
Durch den Regen davon
Und komme nicht wieder,
Sondern umgekehrt
Bleibe ich fort.
Unter die Achseln geklemmte Bücher
Aus dem Riss des Kopfkissens,
Das den Geruch ausströmt
Meiner Träume,
Jugendlich unverschämt,
Aus der Erinnerung
Von einem schönen Jungen.
Wie sonst könnte er leben?
Doch versteht ihr?
Dieser Zufluchtsort

Ist mir unerträglich.
Mein inneres Gericht,
Suche nach der Vergangenheit,
Eine neue Art zu existieren.
Doch ich bin allein...

— Fünfte Szene

Alex und Henri gemeinsam.

ALEX
Und gehe zu ihm.
Ich werfe mich gegen die Tür
Mit dem Hintern.

CHOR
Der junge Mann öffnet.

ALEX
Ich gehe hinein.
Junge Leute, die sich liebten,
Ein kurzes Liebesgespräch,
Dann fragt er mich, warum ich gekommen sei.
Aber eigentlich weiß ich's nicht.
Ich weiß nicht mehr,
Du weißt schon...
Du weißt, warum ich hier bin.

HENRI
Ich weiß.

ALEX
Ich muss mit dir sprechen.

HENRI
Ist gut,
Machs kurz.

ALEX
Du hast recht,
Nachts habe ich schlecht geschlafen.
Ich halte mich wach,

Um Träumen aus dem Weg zu gehen.
Niemals mehr
Liebe ich diese Welt
Ganz und gar.
Da du gegen mich am strengsten bist,
Habe ich keine Kraft mehr
Und bin schrecklich geschwächt.
Habe nicht die geringste Lust
Und bin noch trauriger.
Im Gegensatz zu mir
Sterben meine Gefühle nur,
Wenn man sich von ihnen abwendet.
Wie dem auch sei –
Kann dir ja egal sein.

HENRI

Zweifellos...
Vergiss mich!

ALEX

Irgendwann einmal.
Nicht gleich...
Keineswegs vollständig!

HENRI

Das ganze haben wir
Zu oft diskutiert.

ALEX

Ich weiß nicht mehr, was ich denke.
Ich will ja gar nicht von mir sprechen,
Bemühe mich um nichts.
Und doch denkt mir das immer mehr,
Geht mir dies durch den Kopf, dass...
Du hast mich betrogen?

HENRI

Kurz und trocken:
Ja, es ist ein anderer als du.

Frag nicht, warum.
Ein schlimmer Fluch des Lebens,
Eine Wahrheit voller Sorge...
Manchmal ist es plötzlich so.

ALEX

Wie denn das?
Du hast mich betrogen.
Auf der Herrentoilette.
Wie aus dem Bilderbuch.

HENRI

Er ist fassungslos.
Er ist traurig.
Sein Blick ist schwer.

ALEX

Und wer ist es?

HENRI

Ludi...

ALEX

Warum haben die Leute heute keinen Geschmack mehr?
Was das für ein Mensch ist!
Diese armselige Hässlichkeit,
Aussehen eines scheißenden Hundes,
Das gleiche Gesicht.
Du liebst ihn, gibs zu.

HENRI

Das hab' ich nicht gesagt.
Aber du hast recht.
Ich fürchte, ich liebe ihn.

ALEX

Es war mir klar.
Ich liebe dich!
Lass mich nicht allein!

HENRI

Du bist nicht gescheit!

ALEX

Zwei Ohrfeigen

Hand in Hand.

Ich schweige.

Heuchele Gleichgültigkeit.

Alex packt Henri fest an
seinen beiden Armen.

CHOR

Tränen befeuchten seine Augen,

Dass er vor Wut brüllt.

ALEX

Es war mir klar!

Ich bin nicht so blöd,

Ich weiß, warum du das getan hast.

Um mich zu vergewissern, habe ich...

HENRI

Laß mich!

Lass mich los!

Uns voneinander zu lösen,

Genau das ist gut für uns!

Hasse mich nicht!

ALEX

Ein Hauch der Güte,

Vorwurf und Vorwand,

Denn er liebt mich nicht.

Dein eigensüchtiges Handeln

Erscheint mir unehrlich.

Deine Heuchelei...

HENRI

Mir einen Vorwurf zu machen?

ALEX

Ich will dir ja keine Vorwürfe machen.

Du bist mir doch

Ein wichtiger Mensch geworden!

HENRI

Es ist mir gleichgültig.

ALEX

Du bist gemein.

Und ich bin dumm.

Ich weiß gerade nicht,

Was schlimmer ist.

Ich bin zu stark in meinen Gefühlen.

HENRI

Ich weiss...

Mich zu lieben

Ist deine Schwäche.

Deine volle Hingabe

Schwächt dich nur.

ALEX

Und du?

HENRI

Warum fragst du mich das?

Ich liebe dich nicht mehr.

Ich will wieder etwas,

In das ich meine Seele reinlegen kann.

Aber du,

Du gibst mir nur mehr

Und mehr Seele.

Aber das will ich nicht!

ALEX

Du tust mir weh,

Doch da werde ich dir etwas flüstern:

Er selbst ist dir nicht treu!

Kapierst du das?

Und jetzt

Dreckiges kleines Luder?

HENRI

Ist er nicht?

ALEX

Ich schwöre dir!

Nichts für ungut.

CHOR

Niemand sprach.

Ein mittelmäßiges Melodrama,

Wie so oft.

HENRI

Ich gehe, ohne ihn zu umarmen.

ALEX

Mach sofort kehrt!

In meiner Vorstellung,

Die mich von ihm fortträgt,

Habe ich nicht vergessen,

Ihn noch nicht vergessen!

Ob es traurig ist

Ihn aufzugeben?

Ich wäre glücklich gewesen,

Wäre er nichts gewesen.

Werde ihn nicht vergessen!

Was würde ich tun?

CHOR

Es ist ziemlich leicht.

ALEX

Es war nicht leicht.

Ich schwebe immer noch in der Einsamkeit,

Schließlich ist es durchaus denkbar,

Meine Gedanken zu ordnen.

— **Sechste Szene**

Josef und Alex gemeinsam.

JOSEF

Ich verstehe die Einsamkeit

Auf seinem Rücken.
Der Tonfall seiner Stimme,
Wuchtig und schweigsam.
Er hebt den Kopf
Mit betonter Lässigkeit.
Plötzlich blickt er mich an und lächelt nicht.
Er sieht komisch aus,
Ein jämmerliches Gesicht,
Ganz aus der Fassung geraten.
Das Bild seiner blassen Schultern –
Wie traurig es ist.

ALEX

Er lächelt.
Ich schweige.
Ich gebe ihm keine Antwort.
Jedes Wort,
Das ich jetzt sage,
Sind zwei zu viel.

JOSEF

Was ich da beobachte
Ist alles verwelkt.

ALEX

Seine Gegenwart macht mich närrisch.
Ich bin eifersüchtig!
Stell dir doch vor,
Ich wusste nichts davon!
Meine Eifersucht, meine Wut...
Wenn ich ihn verließe,
Wenn ich mal auspacken wollte!
Erst jetzt merke ich
Wie traurig ich bin.
Was soll ich tun?
Murmele ich.
Antworte mir bitte,

Ich verstehe nichts mehr!

JOSEF

Nun werde nicht melodramatisch.

ALEX

Was sonst?
Es hindert mich daran
Unbegrenzt zu lachen.

JOSEF

Warum?

ALEX

Hat keinen Sinn mehr!
Ich habe ja nichts,
Vielleicht nicht einmal mehr zu leben.

JOSEF

Was ist los mit dir?
Jedenfalls kann man nicht
Gücklich und betrübt zugleich sein.
Du mußt handeln,
Das glaube ich.

ALEX

Ihn eliminieren?
Ich glaube nicht...

JOSEF

Bei mir hat es immer funktioniert.
Er sieht mich an,
Immer noch schluchzend.
Und er will nicht,
Aber ich wiederhole.

ALEX

Er lässt nicht locker.
Ich kann nicht.
Das ist nicht meins,
Habe keine Ahnung davon.
Abneigung dem Morde gegenüber.

JOSEF

Kein einziges sachliches Argument.
Ich hatte geglaubt,
Dass deine Fähigkeit zum Urteilen
Stärker sein wird...

ALEX

Ich habe mich verabredet,
Es nicht selber zu tun
Immerhin ist es
Ein unwahrhaftiges Vorhaben.

JOSEF

Ist doch etwas ganz anderes.
Eines Tages muss es passieren.
Wie sich zeigt,
Strömst du den Geruch aus
Eines Schwindlers.
Ein Mörder, der von Treue spricht,
Ein wankelmütiger und unehrlicher.
Wirst rot vor Scham?
Antworte mir bitte.

ALEX

Ich schweige.
Ich überlege ein paar Minuten.
Das ist zu schäbig...

JOSEF

Ich kenne dich,
Ich spüre doch.
Furcht und Feigheit.
Du bist eine Süßkartoffel
Wie es mir scheint,
Getarnt als Karotte.

ALEX

So ist es.
Ich bin wie ein Kind

In einer schwierigen Situation,
Breche in Tränen aus.
Ist Papa da?

JOSEF

Oben im Zimmer.
Es gefällt ihm nicht!

— Siebte Szene

Alex und Otto gehen
gemeinsam irgendwo spazieren.

ALEX

Heute hat sich der Wind endlich gelegt.
Es ist kühl.

OTTO

Schnee kündigt sich an.
Ich freue mich.

ALEX

Wir waren in den Wald gegangen.

OTTO

Wir gingen sehr langsam.

ALEX

Beim gemeinsamen Frühstück...

OTTO

Hat er das Urteil gefällt.
Wir verabschieden uns.

ALEX

Ich schoß ihm ins Gesicht.

OTTO

Zu meiner Verwunderung.
O nein!
Gleite zur Seite.
Betet für mich!

ALEX

Solange die Schüsse andauern,

Zittert er.

Millionen roter Tropfen fliegen in die Luft.

Und im nächsten Moment
Wurde mir klar, was geschehen war.

Blut.

Das aus der Wunde fließende Blut
Und zwar überall.
Ein weinfarbenes Meer.

Ist das nicht ein Wahnsinn?

Ein jämmerliches Gesicht
Mit verzweifeltem Zorngeschrei:

Wofür? Wozu sterben müssen?
Hat das irgendeinen Sinn?
Ich sehe es überall.
Er verblutet.

Es ist ja nur ein Traum.
Mit einem Wort:

Ein Alptraum!

O Paradox!
Was sich da tut in diesem Kopf?
Am Grund jener Meere breitet sich aus
Das geheimste Innere
Mitten im Wasser.
Der Mund ist verbittert.

Eine Lippenbewegung,
Die Kraft des Wortes
Hält meinen Atem an.
Kein überflüssiges Wort!

ALEX

Die Verzweiflung über meine Tat
Erschüttert mich sehr.
Panik
Zwischen meiner Brust
Von der Last der Furcht vor Lust.
Schwermut in mir selbst,
Wie gefährlich
Verloren und unglaublich leicht.
Die unbelebte Welt
Bebte sanft.
Ich zersprang in alle Teile –
Welche, weiß ich nicht mehr.
Ich bin in Gefahr.
Und trotz allem
Gebe ich doch zu:
Zum Schluß ist es nicht so schlecht.
So etwas habe ich zum ersten Mal.
Zum ersten Mal fühle ich mich
Durchaus lebendig!
Es ist wirklich.
Und ich bedaure es nicht.

— **Achte Szene**

Auftritt Henri.

HENRI

Er ist tatsächlich von jemandem umgebracht worden.
Das Hirn weggepustet.
Das habe ich in der Zeitung gelesen.

ALEX

Ich muss mit dir sprechen!

HENRI

Und?

ALEX

Das tat ich!

Ich war das.

Ich konnte mich nicht bremsen.

Alles geschah blitzschnell...

HENRI

Und jetzt?

Was jetzt?

So sag es doch!

ALEX

Weiß ich nicht...

HENRI

Wie stellst du dir das eigentlich vor?

Dass ich dich beschütze?

Alex antwortet nicht.

HENRI

Doch wenn es wahr ist,

Wie stellst du dir das jetzt eigentlich vor?

ALEX

Ich weiss es nicht.

Ich habe nicht geglaubt, dass ich...

HENRI

Er sieht krank aus, wie jemand...

Er spricht so blaß,

Hört mir mit gesenktem Kopf zu.

Ich sehe, dass er weint,

Wenn ich ihm ins Gesicht sehe.

Das alles glänzt.

Ein pelziger Glanz.

Er sieht komisch aus!

Wie geht es dir?
Er hebt den Kopf,
Blickt mir in die Augen.
Ich liebte ihn.
Ich liebe ihn noch immer.
Meine Bestürzung ist groß.
Dinge, die man nicht ertragen kann.
In einem Abgrund voller Dreck zu stecken.
Traurigkeit, Widerwillen, Unmut
Erschüttern mich sehr
Und sind für mich viel zu schwer.

> Alex will sich aufmachen
> mit Henri zu fliehen. Jener macht aber
> keine Anstalten, mit ihm zu gehen.

ALEX

Achso,
Ich bin in Gefahr!
Jetzt verdufte ich.
Geh'n wir!

HENRI

Ich bleibe endgültig stehen.

ALEX

Du kommst jetzt mit!

HENRI

Ist gut...

ALEX

Komm!

LUDI

Was ist denn los?

ALEX

Du hälst dein Maul!

LUDI

Was fällt dir ein?

HENRI

Ihr macht mich wahnsinnig.
Er zieht mich mit sich.

ALEX

Wir verabschieden uns.

HENRI

Doch ich winke bloß
Mit unterdrücktem Schreien
Und gehe zu ihm.

ALEX

Kommst du nicht mit?

HENRI

Ich kann nicht.
Ich liebe dich nicht mehr!
Bitte entschuldige mich.

ALEX

Dann ziehe ich
Wohl allein ab.

Zeitsprung.

ALEX

Auf den Straßen Leere,
Verkohlte Papierfetzen fliegen.
Es ist niemand zu sehen.
Von dort aus gehe ich
Hals über Kopf
In großen Linien.
Sicherheit meines Schritts.
So sorgfältig
Durch die Pisse und Scheiße.
Allerlei ekliges Zeug.
Wenn meine Scham echt ist
In der Tiefe?

CHOR

Da bin ich wieder.

ALEX

Wer zum Teufel, bist du?

CHOR

Ich bin der Todesengel!
Der dich in panische Furcht versetzt.

ALEX

Der Teufel soll dich holen!
Auf den Straßen viele Leute,
Wütend gewordene Basilisken.
Ihre schrillen Stimmen, ihre Schreie,
Ein großer menschlicher Lärm.
Als ich über die Wege laufe.
Ich bin allein und ohne Freunde.
Ich mache mich auf,
Ich mache mich davon.

CHOR

So eine schöne Geste,
Ein Verrat.
Was machst du da?

ALEX

Fort vom Tod.
Ich zucke nicht.
Oder mich tötet
Der Dicke mit der Halbglatze.

CHOR

Höllenstaat der Bosheit,
Ein unverkennbarer Hassgesang.
In der Nähe der Bahnhöfe,
In einer Art von engem Hof.
Nebenan öffnet sich eine Tür.
Was ist denn da drin?

ALEX

Ich weiß nicht.

CHOR

Er weiß es.
Er weiss alles.
Dann die Festnahme
Der kurze Spaziergang zum Schafott.

ALEX

Vier finster aussehende Männer,
Nicht nur die Hauptfarbe ihrer Kleidung ist
schwarz,
Der dritte von links
Hat einen Schnauzbart.
Treiben mich mit dem Stock.
Aber ich weiß wirklich nichts!
Wieso?
Und die Verurteilung?
Wieso?
Nein, ich war's nicht!
Habe Erbarmen mit mir!
Ich sehe zu jung aus.

CHOR

Tüchtig durchprügeln,
Verlauster, hässlicher Schwächling!

ALEX

Die Welt ist klein
In meiner Brust
Aus einem unruhigen Strudel
Inmitten der Tortur,
Bekomme ich unangenehme Herzanfälle,
Von schwindelerregendem Tempo.
Es zerreißt mich und wohl auch
Meinen Stolz.
Ich fühle mich wie ein Trinker,
Will aber nicht ertrinken!
Ich habe überhaupt nie geweint.

CHOR

Er hat schrecklich geweint.
Ich beobachte ihn im Spiegel,
Tränen befeuchten seine Augen.
Zittert am ganzen Leib.
Auf den Knien gerutscht,
Sein Mund steht halb offen
Mit Beklemmungen im Kopf.
Am Abgrund der Verzweiflung.

ALEX

Ich ergreife zweimal das Wort,
Doch der Schmerz
Ist so schwer
Im Zorn ihrer Muskeln,
Dass ich nicht genug Kraft besitze
Laut zu sprechen.
Es erstarrt in meinem Halse.
Doch am Ende stehe ich auf.
Und nun?

CHOR

Ich komme, ich töte, ich gehe.
Viel Zeit hast du nicht!

ALEX

Ich verstehe überhaupt nichts.
Ich dachte,
Ich sei ewig jung...
Erst jetzt empfinde ich keine Gleichgültigkeit.
Ich verliere das Bewusstsein.
Das Bewusstsein meines Untergangs.
Wo bin ich?

CHOR

Es ist zu Ende,
Wenn die Stunde schlägt.

ALEX

Wie kann es denn sein?
Ich bin mein eigenes
Einsames Gemüt,
Das es selbst akzeptiert oder ablehnt.
Eine ergreifende Vision der Welt
An einem Spinnfaden,
Viel komplizierter und vieldeutiger.
Ob ich auf meinem Leben beharren soll?
So scheint mir,
Es ist schlimm zu leben!
Ich bitte dich...

CHOR

Um was?
Ein wenig Grausamkeit?

ALEX

Ich habe Angst!
Mach's wenigstens kurz.

CHOR

Wie du willst...
Das waren seine letzten Worte.
Dann blickt er stumpf vor sich hin
Mit einem Anflug von Gleichgültigkeit.
Ein stilles Vergnügen.
Schwindel bis zum Sturz.
Eine übermächtige Angst,
Eine einfältige Angst.
An der Schwelle einer Welt,
Schwarze Wolken
In den Taschen
Aus lauter menschlichen Unzulänglichkeiten.
Dass er entweder
Morgen enthauptet wird,
Mit frisch gebackenem Brot erstickt,

In Öl gebadet,
An einer Mauer zerquetscht wird...
Noch eine Stunde
Die Agonie,
Die letzte Luft,
Die nicht mehr schnauft.
Dann verschluckt ihn die Welt.

Auftritt Ludi

CHOR

Er wimmert lautlos,
Bewegungslos im Sessel.

LUDI

Betroffen bin ich von der Stille.
Der Tod eines Menschen,
Er schneidet mir ins Herz,
Aber er geht mir nicht aus dem Kopf.
Ich wollte die
Schmerzliche Gegenwart vergessen,
Vergangenheit leben,
Um wieder zu sprechen,
Wenn sie verschwindet.
Erblicke kein bekanntes Gesicht.
Drück es an meine Brust
Mit dieser Heftigkeit
Und weiche von mir zurück.
Irgendwie kommt es mir so vor,
Dass mein Seeleninneres verfault,
Eine ziemlich verworrene Vorstellung.
Was ist mit mir geschehen?
Auf diese Art
Bleibt nichts übrig
Als abgestorbene Verzweiflung
Und Staub.

Vierter Akt — Erste Szene

LUDI

Der Tag fing schlecht an.
Blut
Vom Haß.
Das ist nicht gut!
Sinnbild der Grausamkeit.
Die Nachricht hat mich stark erschüttert.
Eine solche Unordnung.
Ich muss schon sagen:
Es ist schrecklich!
Die rauhe Beschaffenheit,
Diese tödliche Stille
Eines fallenden Steins.
Wenn du noch lebtest,
Du verdammter Idiot!
Was für eine elende Ausflucht.
Ich will
Zu meinem Felsen zurück,
Mich zu Boden werfen,
Ihm in den Tod folgen!
Kein Mensch mehr
Kann mich retten.
Diese tragische Lebensgeschichte,
Wo jetzt dein Grab ist.

JOSEF

Es war ein Ungeheuer.

LUDI

Sein Gesicht war ebenso sorgenvoll wie meines.
Doch wir beide konnten nicht begreifen...
Doch mein Leben ist,
Das ist ein Andenken
Für einen einzigen Menschen,
Von einem Maschinengewehr erschossen,
Ein fünfundvierziger Expansivgeschoß.

Nur an diesen einen erinnere,
Sehne ich mich,
Um etwas festzuhalten als Zeichen...

JOSEF

Genug damit!
Ich denke immer an die Halbgötter,
Die Könige.

LUDI

Es ist soweit, stimmt's?

JOSEF

Du musst sie zurückholen!
Nur sie Werden
Nach meinem Empfinden,
Das Chaos beenden.
Mit anderen Worten,
Die Übeltäter,
Die hinterhältige Kraft
Zusammenbringen,
Gegen sich selbst richten,
Verurteilen.

LUDI

Unmöglich.
Darauf bin ich nicht vorbereitet.
Nicht, weil ich es nicht kann...

JOSEF

Überleg nicht so lange.

LUDI

Ich werde nicht fliegen.
Ich mag es nicht!

JOSEF

Du bist ein Schlappschwanz, was?
Ich habe ihn gesehen.
Sehr verweichlicht.
Hätte ich nicht von dir gedacht!

LUDI

Aber ich wiederhole nur:

Ich werde nicht fliegen.

Ich schaffe es nicht mehr.

Verzweiflung, Ausbeutung und Not.

Ich weiss nicht, wo ich mit mir hinsollte.

CHOR

Seine Selbstsicherheit ist völlig dahin.

JOSEF

Das ist gut und schön.

Eben deshalb!

Hoch mit dir!

LUDI

Was ich dann tun soll, weiß ich nicht.

Ich weiß nicht mehr, was ich denke.

Ich bin durch alles schrecklich abgespannt.

Männlichkeit unter Beweis stellen?

Ich kann es nicht.

JOSEF

Doch!

Weil ich es dir sage.

CHOR

Wiederholt mehrfach.

Der einzige Grund,

Seine eigene Wahrheit,

Dass seine Härte nur Schein ist.

LUDI

Entschuldigung. Pardon,

Das alles gehört sich überhaupt nicht.

JOSEF

Dann musst du dich fragen:

Soll ich's tun

Oder nicht?

Die Antwort ist:

Nein,
Auf jeden Fall!

LUDI
LUDI
Das ist unmöglich.

JOSEF
Weiß ich nicht...
Wie es mir scheint,
Ist es nicht zu spät.

LUDI
Auf keinen Fall!

JOSEF
Es wurde uns
Eine Katastrophe heraufbeschwört.
Retten wir den Mond!

LUDI
Er lässt nicht locker.

JOSEF
Ich will es dir sagen:
Zieh nicht den Schwanz ein!
Und Warten kann ich nicht leiden.

LUDI
Er fällt die Entscheidung.
Aber ich will nicht dorthin!

JOSEF
Bist du sicher?

LUDI
Ich bin aber nicht sicher...
Die disponierte Ungeduld,
In einem Koller ordinärer Wut
Verursacht mir Übelkeit.

JOSEF
Ich verstehe...

LUDI
Und wie soll ich dort landen

Auf dem Mond?

JOSEF

Na, im Raumhafen natürlich.

LUDI

Auf dem Mond gibt es keinen Raumhafen.

JOSEF

Warst du schonmal dort?

LUDI

Nein.

JOSEF

Dann kannst du das
Auch gar nicht wissen.
Ich gebe dir zwei Tage.

— Zweite Szene

Ludi mit Henri

an Ottos Grab.

LUDI

Er ist völlig verändert.
Sehr bedrückt und nervös.
Er erzählt mir viele unangenehme Einzelheiten,
Über die Maßen offenherzig.
Ich hatte den Eindruck,
Ich weiß nicht,
Was sich hinter seinen Worten verbirgt,
Die ich nicht verstehe.
Was ich zu meinem Entsetzen höre,
Ist eine Wahrheit voller Sorge.
Aber irgendwie zeigt er sie mir nicht
Und deshalb ist die Situation zwecklos.

HENRI

Seine rabenschwarzen Brauen
Schließen die Augen.
Wenn du siehst,

Habe ich nicht gesehen.
Ich habe das alles nicht gesehen.

LUDI

Niemand sieht wie schön es ist.
Niemand von den vielen Leuten auf den Straßen.
Im Gegensatz zu mir.
Frag mich nicht warum.

HENRI

Niemand hatte mich gefragt...
Vielleicht klingt es zynisch,
Ich hab's sofort gemerkt.

LUDI

Es ist unmöglich.

HENRI

Man kann nie wissen!

LUDI

Vielleicht ein wenig.

HENRI

Hier ist es umgkehrt
In dieser Welt voller Widrigkeiten
Spürte ich deine Gutmütigkeit.
Ich liebe dich.

LUDI

Ich liebte ihn nicht.

HENRI

Sobald ich dich küsse
Für einen Augenblick
Für einige Stunden
Diesen prachtvollen Körper...

LUDI

Genug damit!

HENRI

Ich bin ein Verräter aus Liebe.
Mein Herz schlägt

Von den Fußspitzen bis zum Kopf
Besessen von der Schönheit
Dieser anderen Seele.
Du tust mir weh!
Harte Männlichkeit
Voller Verzweiflung.
Ich habe alles riskiert.
Dinge werde ich verlieren.
Meine Erregung ist so stark,
Denn er liebt mich nicht.

LUDI

Ich bin zu müde
Mehr als mich selbst zu lieben...
Der Schmerz schlägt über mir zusammen,
So unverschämt.

HENRI

Ich sah, dass er weinte.
Ein Herz aus Stein
Nahm ihm den Atem.

LUDI

Ich versuche gerade,
Nicht mehr sein zu müssen,
Als ich bin.
Ich muss jetzt der sein,
Der ich immer sein wollte.

HENRI

Wir sind doch immer so
Wie wir sein möchten
Und nicht so
Wie wir eigentlich sind.

LUDI

Es ist mir gleichgültig.

HENRI

Das macht nichts.

LUDI
Dann schwieg er
Er lachte nicht.

Henri geht langsam von der
Bühne ab und entfernt sich dann von Ludi.

— Dritte Szene
Ludi auf dem Weg
zum Mond.

LUDI
Das seltsamste Ereignis meines Lebens:
Eine kleine Weltraumkabine.
Stirn gegen die Scheibe,
Wie traurig und einsam
Liebe ich diese Welt.
So frei und klein wie niemand sonst.
Diese tödliche Stille.
Ich höre, wie kein Regen gießt.
Von weitem sehe ich
Das Leben auf der Erde
Nach der Revolution.
In der Tiefe des
Alles was uns umgibt,
Ist auf so engem Raum
Nirgendwo zu sehen.
Die Welt kommt zu sich,
In mir richtet sich der Tod
Eine Zeitlang.
Ich habe hier phantastische Träume.
Portraits an den Wänden,
Sie sind unzerstörbar,
Völlig unabhängig.
Und ich bin schrecklich geschwächt.
Das ist wohl

Der Kampf mit Gott.
Ich zweifelte selbst
Und kreise um die Erde.
Von oben blickt man
Zu meiner Verwunderung
Auf wunderschönes Land.
Wie kann eine solche Landung
Eine solche Tortur sein?
Dieses harte Gesicht
Eingedrückt.
Wie ich mich vorfinde
Wieder einmal.
Elend, das mein Elend ist,
Wirkt fast in jedem Augenblick
Immer ausdrucksloser.
Sonnenbräune verblasst,
Erkenne mich nicht wieder.
Bin nicht genug,
Bin nicht imstande,
Aus Bequemlichkeit
Und der Ruhelosigkeit
Im gleichen Augenblick.
Giftige Ironie
Eines Clowns.
Mich selbst zu ändern
Mit mehr Stolz,
Ideen zu sehen.
Bleib' aufrecht und reglos
Wie ein Habicht!
Meiner Art so ähnlich
Schwebe immer noch durch die Einsamkeit
An den Fenstern vorbei,
Als ich plötzlich Heimweh verspüre.
Ich verstehe die Einsamkeit,

An der gar nichts bemerkenswert ist.
Zigarette im Mund
Rauche ich in aller Ruhe
Es schneit daheim
Aus meiner Einsamkeit heraus
In das Zimmer
Aus Staub
Zum ersten Male
Oben im Zimmer.
Trotz der Dunkelheit
Ist es hässlich
Mehr und mehr.
In der Schlaflosigkeit
Und in den entsetzlichen Träumen
Bin ich durchsichtig,
Fast ohne Schatten.
Aber auch bedrohlich
Und herzlos.
Kristallklar schön,
Sodass man kotzen möchte
Und zwar so weit der Magen reicht.
Doch an mir geht das alles vorüber,
Ich will in der Wahrheit leben,
Da nur die volle Wahrheit befriedigen kann.
Ich habe die ganze Nacht nicht geschlafen.
Es fehlt mir der Glaube an das Leben.
Ich möchte so gern sterben
Und wie ein Stein ins Wasser fallen.
Rascher, um vieles rascher
In den Raum, in die Dunkelheit,
Nach innen kehren,
Im Schatten hocken,
Im Dunkeln
Verloren und unglaublich leicht.

Die unterirdische Welt,
Völlig bedecken,
Doch ich bin allein.
Allein
Aber ebenso einzigartig.
Das macht mir Mut,
Das tut mir innerlich gut,
Das ist meine Hoffnung,
Aus meiner Einsamkeit heraus,
Mich mit allem abzufinden.
Obwohl ich gleichzeitig genau weiß:
Ich will neu geboren werden.

Fünfter Akt — Erste Szene

CHOR

Alles, was uns umgibt,
Wird in zwei Tagen da sein
Mit doppelter Schallgeschwindigkeit
Außer Reichweite
Gegen seinen Körper gedrückt.

LUDI

Dort angekommen,
Ich verschnaufe erst einmal.
Ein solcher Ort,
Wunderschönes Land.
Hier ist es wundervoll.

CHOR

Gleich nach seiner Ankunft,
Als er hier in die Ödnis kam,
Begann er sich unwohl zu fühlen,
Denn es war so kalt.

LUDI

Ich sah den Himmel an,
Fand nichts besonderes.
O höllischer Tag...
Eine der Seltsamkeiten,
Ich sehe fast niemanden
In unmittelbarer Nähe.
Das heißt genauer
Gar niemand.
Falls ich allein bin,
Hat das irgendeinen Sinn?
Eine richtige Aschenbrödel-Arbeit.
Vier Tage voller nervöser Anspannung.
Heute hat sich der Wind endlich gelegt.
Vor ein paar Stunden,
Müßte man eher sagen.
Laufe wie verstört herum.

Was ist, wenn ich sie nicht finde?
Das ist schließlich durchaus denkbar.
Ich hoffe immer noch auf ein Wunder
Wie ein Schiffbrüchiger.
Ich erkenne die Stimme.
Vom Mann neben mir.

CHOR

Ein dicker Mann,
Eine Bestie von Mensch
Wie ein junges Kalb.

JOSEF

Ein Ferngespräch.

LUDI

Ich drehe mich um.

JOSEF

Gefällt es dir hier?

LUDI

Warum fragst du mich das?
Ich bin hier zwei Wochen,
Ich verbringe meine Zeit
Nur mit Suchen.
Zu meiner Verwunderung
Ohne zu finden.
Unter diesen Umständen ist es
Als persönliches Erlebnis ein Alptraum.
Quält mich wahnsinnig.
Ich fürchte ein wenig,
Sie nie im Leben zu sehen.
Es ist schon möglich,
Da ich sie nie gesehen habe.
Es ist nicht leicht,
Meine Stimmung ist pessimistisch
Und sehr erschöpft.
So beschämt es mich,

Aber immer häufiger kommt mir der Gedanke:
Gekrönte Häupter,
Sie sind gar nicht hier.

Josefs Augen werden härter,
er verzieht das Gesicht.

JOSEF

Deshalb wiederhole ich:
Du weißt schon,
Sie sind ja alle auf dem Mond.

CHOR

Er lächelt boshaft.
Ein spöttisches Lächeln.

JOSEF

Jeder Mensch macht Pläne.
Kam dir der Gedanke nicht?
Was bist du für ein Naiver
Von unleidlicher Dummheit?
Fast könnte man sagen,
Die schönsten Huren
Sind weit klüger als die meisten Menschen.
Sie sind nicht dort.

LUDI

Was?
Wie meinst du das?
Wo sind sie dann?

JOSEF

Nirgendwo.
Zu dumm auch...

LUDI

Was soll das heißen?
Warum zum Teufel bin ich dann...?

JOSEF

Du bist ein Vollidiot.
Du bist ein Opfer deiner Charakterstärke

Und beharrliches Willens.
Eine männliche Tugend.

LUDI

Und im nächsten Moment
Wurde mir klar, was geschehen war.
Was ich zu meinem Verwundern hörte,
Es war mir klar.
Ich setze mich.
Ich verfluche mich!
Was für entehrte Zeiten!

JOSEF

Dein Gesicht spricht für sich,
Begreifst schnell
Im Zustand absoluter Lähmung.
Hast etwas von einer ertrunkenen Ophelia.

LUDI

Und...
Wüsste ich vielleicht, was ich sagen soll?
Sagst du es mir,
Sonst werde ich verrückt!

JOSEF

Mit einem Wort:
Es gibt sie gar nicht.

LUDI

Er lacht nicht.
Wofür? Wozu?

JOSEF

Wer weiß?
Ursprung und Vorwand all meines Begehrens
Hat nur einen Sinn:
Diese ungestaltete Welt
Zu verändern
In euren Köpfen.
Es gab

Kein anderes Mittel
Für die Verwirklichung.

LUDI

Meine Verzweiflung potenziert sich
Und mich befällt Entsetzen.
Heftige Krämpfe in der Magengegend
Vom kriechenden Verrat.
Lässt er mir das Blut in den Adern gerinnen.
Wie sich jetzt herausstellt,
Hat man mich doppelt geblendet
Und alle Augenblicke gehen kaputt.

JOSEF

Hasse mich nicht.
Vielleicht tröstet es dich.
Auch nach der Revolution –
In dieser Welt voller Widrigkeiten –
Gehen die Verbrechen weiter.
Nur ohne dich.

LUDI

Seine Stimme ist ganz sanft.
Ich hasse ihn dafür!
Mein Mund
Ballt sich zur Faust.
Verdammter Schwätzer!
Ich weiß, warum du das getan hast.
Aus Rachsucht,
Dermaßen gefühllos und verhärtet!
Du bist ein Dreckskerl
Von vieherischer Niederträchtigkeit
In deinem ungeheuren Hochmut.
Dreckskerl!
Nach diesem Hagel von Schimpfwörtern,
Ich kann die Erschütterung nicht beschreiben.
Ich sage es der ganzen Welt!

Doch was würde ich tun
Ohne Beweise?
Er wird die Welt regieren,
Das ist mir unerträglich,
Darunter leide ich.

JOSEF

Das ist alles?

LUDI

Wir wissen beide
Wie die Raubgier Roms geendet ist.
Du bist nicht gut genug!

JOSEF

Ich zweifelte selbst,
Aber letzten Endes zeigt sich,
Wer ich bin,
In Wirklichkeit.
Das Wesen, welches die Welt nicht einmal vermutet
Und bin meiner Seltsamkeit sicher.
Wie trennt man sich von sich selbst
In keiner Weise?
Eine Erleuchtung
Fiel mir sehr schwer.
Nachts streunte ich durch die Stadt
Und überlegte, was ich bin.
Was man mir zu sein vorwirft
Und zu sein vorwarf.
Ich war nichts anderes mehr,
Als der, der ich heute bin.
Habe das Urteil gefällt
Mit meinen eigenen Kräften.
Ich ziehe mich auf mich selbst zurück
Und in gewissen Fällen sogar
Über die Last.
Der Wert eines denkenden Menschen.

LUDI

Ach, wie modern das ist.
Wahrlich ein modernes Stammeln.
Allein um deiner selbst willen.

JOSEF

Ich habe immer alles sein wollen.
Wie sonst könnte man leben?
Aber ich schaffe nicht alles, was mir lieb ist.

LUDI

Die schäumende Wut
Sitzt zwischen mir.
Seine Hinterhältigkeit
Machte mich vor Wut brüllend!
Bin nach meinem Empfinden
Doch nur ein Spielball.
Aber was soll ich machen?
Das bringt mich nicht weiter.
Jesus Füße,
Tragt mich fort aus dieser Welt!
Ich werde nicht länger
Wie die Perlen eines Rosenkranzes
Einen Teufelskreis drehen.
Um keinen Preis!
Mein inneres Gericht,
Meine verlorenen Blüten.
Lassen wir die Theologie beiseite.
Meine Würde hat keinerlei Gewicht.
Hier wird mir
Richtig die Hölle heiß,
Lässt mich zerfließen.
Ein gnadenloses Gemetzel.
Es ist ein gutes Alter zum sterben,
Je spitzer die Schnittkanten,
Die Schnittwunden,

Schlitzohren!

JOSEF
Ich bedaure es nicht.
Trotz allem ist mir irgendwie traurig zumute.
Ich weiß nicht mehr,
Was ich suchte,
Dass die Frage mich quält.
Ganz und gar
Keine Vorstellung.
Es steht auf einem anderen Blatt.
Mein Verlangen bleibt
Alles, was mir dazu einfällt.
Dass meine Gedanken zu ordnen
Eine solche Tortur sein kann.
Ganz aus der Fassung geraten
Finde ich viele Gedanken,
Voll ungewöhnlich kluger Dinge.
Ein unverkennbares Meisterwerk.
Doch nichts davon gehört mir.
Vielleicht ist es auch
Ganz egal, was...
Was mich störte.
Wohl oder übel
Wundere ich mich nicht mehr.
Geblieben ist dennoch viel,
Denn ich bin stolz auf mich!

LUDI
Das verstehe ich nicht.
Es ist sehr komisch!

JOSEF
Man muss lasterhaft sein!

LUDI
Kommt darauf an...

JOSEF

Und es kostete mich einiges!

LUDI

Das ist ein hässlicher Charakterzug
Mit einer Entscheidung für das Böse,
Sogar zum Mord.
Deine Schuld und dein Schmutz
Und die Welt in düsteren Farben.

JOSEF

Schuld schafft Einzigartigkeit,
So hoffe ich.

LUDI

Nichts dergleichen!

JOSEF

Aber deine Luft riecht nach
Demselben Schmutz und Gestank.
Der abscheuliche Geruch
Von einer Nutte,
Dass ich mir die Nase zuhalte.
Je stärker jemand beteuert
Etwas nicht zu sein,
Desto eher ist er es.

LUDI

Ich nenne dich einen Hurensohn
Und hasse nichts so sehr!
Hier ist Platz für einen zweiten Sarg!

JOSEF

Das ist es nicht!

Josef geht von der Bühne.

— Zweite Szene

LUDI

Der Morgen ist still,
Traurig wie die Nacht.

Der nördliche Horizont im Dunst.
Hier ist es wundervoll.
Sich selbst gegenüberstehen.
Ich denke, es ist Zeit für mich zu sterben,
Wie sich das gehört.
Doch ob man mich lässt,
Weiß ich nicht.
Was ist das für ein Rauschen?
Schläge auf die Ohren.
Nüchternheit überfällt mich.
Am Boden der Wirklichkeit,
Gehen alle Augenblicke kaputt.
Zwar fühle ich mich fast
Nicht mehr –
Oder noch weiter entfernt.
Ich verziehe das Gesicht,
Kann's nicht akzeptieren.
Den Verlust meiner Freiheit
In der Freiheit.
Kann die Tränen kaum unterdrücken,
Aber die vermehren sich von selbst.
Tausend Gedanken
Sind eingestürzt
Und für mich viel zu schwer.
Es geht nicht darum jung,
Sondern lebendig zu sein.
Und wenn ich dann heimkomme,
Wenn ich bei meinen Toten bin,
Werde ich vollkommen glücklich.
...
Das Wetter ist so herrlich.
Ich sehe den Himmel
Und die endlose Nacht
Mondhell.

Absolute Ruhe.
Eine Welt wie aus dem Märchen.
Hier oben werde ich
Schrecklich einsam sterben
Mitten in der vollkommenen Stille.
Welch ein trauriger Frühling.
Frostige Tage
Halten die Ohren steif!

Zweite Auflage
Berlin, November 2024

Verlag: BoD · Books on Demand GmbH,
In de Tarpen 42, 22848 Norderstedt
Druck: Libri Plureos GmbH, Friedensallee 273,
22763 Hamburg
ISBN: 978-3-7597-8308-0